Bruno Gern · Sonnawirbel

Bruno Gern

Sonnawirbel

Ein Schwäbisches Herbarium

Zeichnungen
von
Christian Ritter

Verlag Karl Knödler
Reutlingen

Meiner lieben Frau Elisabeth

Printed in Germany 1983
Umschlagfoto und Vorsatz: Karl Knödler
Herstellung: Druckerei Harwalik KG, Reutlingen
ISBN 3-87421-121-5

Zur Einführung

Die Natur ist so, daß die Dreieinigkeit
sie nicht besser machen könnte.
Es ist eine Orgel, auf der unser
Herrgott spielt, und der Teufel
tritt die Bälge dazu.
J.W. von Goethe

In der breiten, musikalischen Mundart des Storzinger Bauern führt uns der Dichter hier durch die heimatliche Pflanzenwelt, ihm zur Seite der Zeichner, der jede Pflanze mit liebevoller Genauigkeit widergibt. So liegt uns hier eine kleine schwäbische Flora vor von Pflanzen, wie sie der Dichter in seiner Umgebung, im Schmeiental, einem kleinen Seitental des Donautals, und in den Bauerngärten vorfindet und wie sie überall auf der schwäbischen Alb begegnen, auch wenn manche von ihnen selten geworden oder fast ausgerottet sind. In den Gedichten des heute 76jährigen spiegelt sich aber auch die Pflanzenwelt und ihre Bedeutung wider, die sie im Leben des vormodernen Dorfes, vor dreißig oder fünfzig Jahren, noch hatte. Wir finden hier etwa die Heilkräuter, die

die Dorfbewohner kannten und sammelten, wie die Kamille, das Johanniskraut – im Volk als besonders wirksames Mittel gegen des Teufels Gewalt geschätzt –, Sanikel, Frauenmantel, Wegerich, Ringelblume, Hauswurz, Pfefferminze oder die bittere Kreuzblume, die man beim Sammeln von der nicht bitteren Art durch Probieren unterschied. Der Hauswurz wuchs auf manchem Hausdach, da er auch als Schutz vor dem Blitz galt. Zu diesem Zweck empfahl ihn selbst Karl der Große (oder Ludwig der Fromme) im Capitulare de villis. Heilpflanzen wurden auch für die Apotheken gesammelt, und der »Kräutjerg« oder die »Kräuterlies« verdienten damit geradezu ihren Lebensunterhalt. Wir treffen in diesen Gedichten auch Pflanzen, die vor der Zeit der chemischen Unkrautvernichtung jedes Getreidefeld »zierten«: Klatschmohn, Sommer-Adonisröschen (»Blutströpfchen«), Klappertopf oder Rittersporn. Sie waren dem Bauern, der sich um Aesthetik wenig schert, immer ein Dorn im Auge und ließen sich oft auch durch das Reinigen des Saatguts kaum vertreiben. Wir erfahren bei der Wegmalve, daß sie einst, als die Kinder das Naschwerk noch in der Natur suchen mußten, als »Käsloible« ein Leckerbissen war, oder daß manches vom vielen Sauer-

ampferessen Magenweh bekam. Wir begegnen dem Maialter und dem »Weihsang« mit der Königskerze in der Mitte, ein Kräuterbüschel, das, an Mariä Himmelfahrt (15. August) geweiht, gegen den »Schratt« und anderes Unheil im Stall aufgehängt wurde.
Alle Pflanzen werden mit ihren oft so sprechenden Mundartnamen genant. So das »Hairle« (= Herrle), wie der Pfarrer im Dorf genannt wurde. Stülpt man die Blütenblätter des Klatschmohns herunter, so erinnert er wirklich an einen Pfarrer im roten Ornat mit schwarzem Birett. »Hudalemäh« sagen die Kinder zu den Haselkätzchen (»Hudale« sind Schäfchen). So hat jede Pflanze, zu der die Menschen im Dorf eine Beziehung – meist sehr praktischer Art – hatten, einen Mundartnamen, ja oft mehrere, die von Ort zu Ort wechseln können. Im Fall der »Kessale« (die Traubenhyazinthe erinnert an die Weihwasserkesselchen auf dem Friedhof) sind im Gedicht etwa 20 verschiedene Namen aufgezählt, denen noch weitere hinzuzufügen wären, wie »Taubakröpfle«, »Wiesamaile«, Theresale«, »Himmelsraisle«, »Pfauserle« (ein in Schmalz gebackenes Gebäck) oder »Paukaschlegale«.
Während der Zeichner durchaus auch auf botanische Genauigkeit bedacht war, läßt der

Dichter sich durch das freie Spiel der Gedanken, oft angeregt durch den Namen der Pflanze, leiten, auch wenn ihm die scharfe Beobachtungsgabe, die den Botaniker auszeichnet, nicht abgeht, wie sich an vielen Einzelheiten zeigt. Was aber die eigentliche Bedeutung dieser Gedichte ausmacht, ist etwas anderes: sie schärfen uns den Blick für die wunderbare Vielfalt und Schönheit der Natur auch in den unscheinbarsten Dingen. Und gerade dieser Blick tut uns heute bitter not. Nicht von ungefähr ist ein Gedicht vorangestellt, das mit dem alten Heil- und Segenswunsch bei Verwundungen, der beschwörenden Formel »Hoila, Hoila« beginnt. Konnte Goethe noch sagen, unser Herrgott spiele auf der Orgel der Natur, der Teufel trete ihm nur die Bälge dazu, so müssen wir heute hinzufügen: und der Mensch greift ihm in die Tasten, aber ohne auf Gottes Spiel zu hören und darauf einzugehen. Und je eigensinniger er mitspielt, desto schlimmer spielt er seinem Instrument mit, desto mißtönender und gräßlicher wird das Stück. Das eigenmächtige, rücksichtslose Eingreifen des Menschen in die Natur, dessen heillose Folgen er kaum mehr übersieht, nimmt immer unheimlichere Formen an. Dagegen hilft uns letztlich nur eine umfassende, universale

Ethik, gründend auf der Ehrfurcht vor dem Leben (Albert Schweitzer), die auch Pflanzen- und Tierwelt mit einbegreift. Eine solche Ethik erwächst aber nur aus dem aufmerksamen Betrachten und Erforschen der Natur, dem bereitwilligen Eingehen auf sie und dem liebevollen, ehrfürchtigen Umgang mit ihr; nur daraus kann das entstehen, was man heute mit dem lieblosen Ausdruck »Umweltbewußtsein« bezeichnet. Die Ermunterung zu einem neuen Verhältnis zur Natur und das Werben um Verständnis für sie, das ist der tiefere Sinn und die Aufgabe dieser oft abschätzig als »Feld-, Wald- und Wiesendichtung« verschrienen Mundartdichtung.

Angemerkt sei noch, daß die Zeichnung manchmal eine speziellere Art einer Pflanze mit dem entsprechenden lateinischen Namen darstellt, während der Mundartnamen umfassender ist. Die lateinischen Namen richten sich nach E. Oberdorfers »Pflanzensoziologischer Exkursionsflora« (Stuttgart 1979). Wo sich der mundartliche und der hochdeutsche Name einer Pflanze nur lautlich unterscheiden, wurde letzterer gelegentlich weggelassen. Die Erklärung der im Eingangsgedicht vorkommenden mundartlichen Pflanzennamen findet sich, wo nötig, in den Wort- und Sacherklärungen.

Für botanische Beratung sind wir Herrn Professor Hans-Dieter Stoffler sehr dankbar.
Es bleibt nur noch zu wünschen, daß von der Liebe zur Natur, wie sie aus den Zeichnungen und Gedichten hervorleuchtet, ein Funke auf jeden Leser überspringen möge.

Marius Reiser

Hoila, Hoila Haberstrauß

Hoila, Hoila Haberstrauh,
Hearrgettskraut und eisra Frau
ihrne gweihta Blüata,
Ackermäntale, Salbei,
Holderbäuschle, Hasaklai –
mögs dr Himmel hüata.
Mögs dr Himmel waasa lao,
d Butterbluama hintrem Zao,
d Waldfarn, d Wiesaschwengel,
rauta Seidelbascht am Reis,
Baldrian, Bäarlauch, Ehrapreis
und Rhabarberstengel.
Sonnawirbel, Pfeafferminz,
Lerchasporn und Katzaschwänz,
Bux und Berberitza,
Bluatwuuz, Seanf und Muatterkorn,
Wasserpescht und Rittersporn
für de gäha Hitza,
Hairle und Johanneskraut,
Mark vo'r Hagabutzahaut,
Honk und Bluascht vo'r Linda,
daß i halt so oft i ma,
Hoila Seaga saga ka
und s reacht Kräutle finda.

Krokus
Crocus vernus

Krokus

Jedes Johr, oifach
wenns Zeit ischt,
au wenns rings noh so
verschneit ischt,
daß schao d Sonn
mit ihrem Zunder
kaum bewirka ka
des Wunder,
sait dr Herrgott:
»Hokuspokus!«
und um s Haus blüaht
zmols dr Krokus.

Schnaiglöckle - Frühlingsknotenblume
Leucojum vernum

Schnaiglöckle

Komm, gucks a, des liab klei Glöckle
hinter deana Hecka da,
mit deam weißa Leinaröckle,
deana geala Zacka dra!

Ganz verwunderat duats gucka
und im aischta healla Schei
wia weng ängschtle vüre drucka,
faschtgar noh a bißle z'klei.

Wenn es jedoch läut, trait s Lüftle
mit em Seidelbascht gar bald
hehlinga a wohlgschmacks Düftle
wieder naus dur'n Buachawald,

schlupft sogar drneabat dana
aus em alta Laub, ganz kraus,
au vill z'früah noh als sei Gschpana
schao s aischt Leaberblüamle raus.

D Sonna duat sich drübert kringla,
wenns it grad dr Schatta schreckt,
und lot des klei Glöckle klingla,
bis s ganz Ländle gar verweckt.

Himmelsschlüssel - Lungenkraut
Pulmonaria officinalis

Himmelsschlüssel

S aischt Blüamle, wo im Meeza spriaßt,
noh d Kälte nimmt en Kauf:
dr Himmelsschlüssel, denn dear schliaßt
da Himmel wieder auf.

Lot d Sonna glitzeg wieder raus,
frisch griicht und wia suscht nia
jetzt strahla über s Ländle naus
ganz stillvergnüagt, denn dia

duat dia verfraura Wealt, dia trüab,
zmols wieder lacha lao,
und ällz des hot da Leuta z'liab
dr Himmelsschlüssel dao.

Seiritzatle - Seidelbast
Daphne mezereum

Seiritzatle

Seiritzatle a'n kahla Heckle,
wia-n e sieh und wia-n e sag:
Seiritzatle, a'n kahla Heckle
stohscht im a̧lta Buachaschlag.

Ziahscht dei fuierrauts Regischter
und verdrescht da Leuta d Köpf
und bischt so vo deina Gschwischter
jetzt halt s ällervürneamscht Gschöpf.

Ganz alloi duascht d Stellung halta
und verschenkscht dei Bluascht drzua
und verschaichscht drmit deam alta
Winterwald de butzat Ruah.

Stellscht de mit deim nobla Fräckle
und duascht voar em Wald duß schao
ällas mit deim guata Gschmäckle
wieder leabig weara lao.

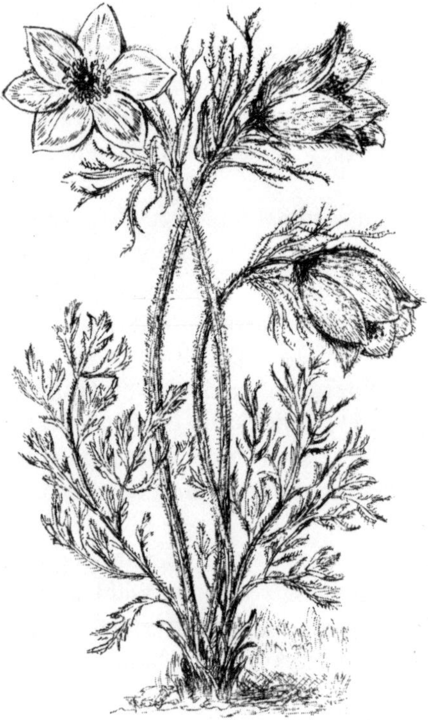

Heuschlauf-Küchenschelle
Pulsatilla vulgaris

Heuschlauf

Sei koi so lahme Lattera,
schlupf gotteg gotteg raus,
suscht gäxat d Haselzattera
und d Kätzlebäm di aus.

Duar jo bald s Heu verschlaufa,
lock s Gras hear und vertlais,
daß'r koi Heu braucht kaufa,
dr Baur, suscht wiad'r bais,

wenn'r it sieht, wia's ferkat
und anand nore goht,
und gib em endlich z'merkat,
daß d Sonna haiher stoht.

Sei it gar so verschrocka,
vergiß it, daß mitnand
jetzt du und d Auschterglocka
bald wieder läuta deand.

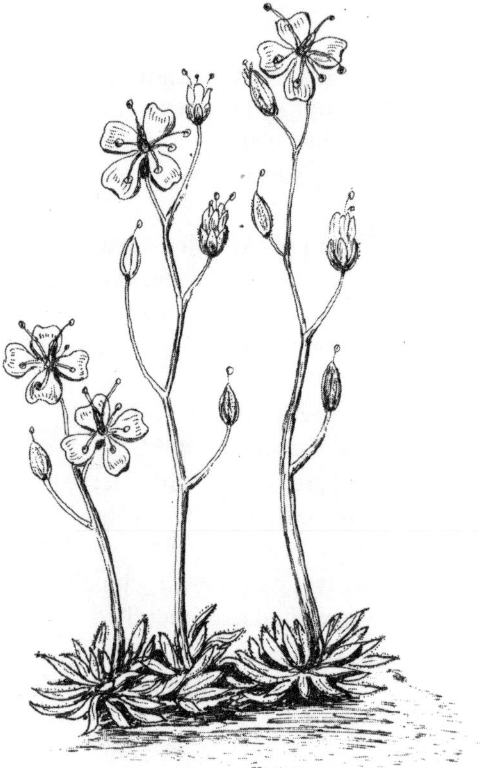

Hungerblüamle
Erophila verna

Hungerblüamle

Des Hungerblüamle, ganz bescheida,
muaß oinaweag bloß Hunger leida,
weil des seim Element entspricht.

Sobalds jedoch dr Haber sticht,
und s Blüamle wuachra duat und jäschta,
wenn ma's im Aoverstand duat mäschta,
wiad's älltäg gwampater und blasser
und stirbt als armer reicher Prasser.

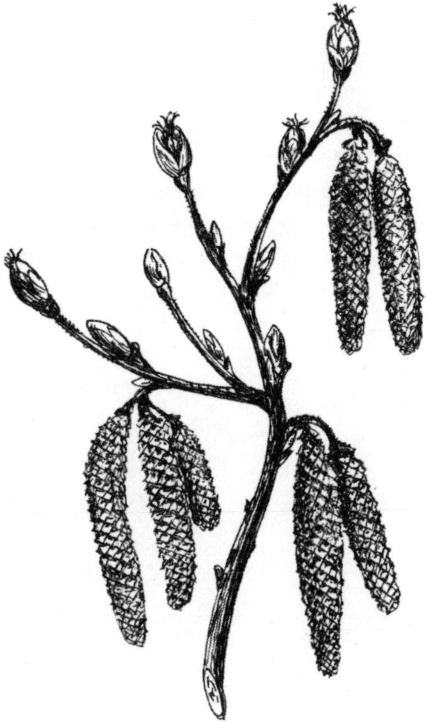

Hudalemäh - Haselkätzchen
Corylus avellana

Hudalemäh

Wenns im Häbarat warm reangat
und im Sailuft sei Gebläh
no da Haselkätzle langat,
noh weng winterknopfig zäh,
bis dia geal am Heckareis
wia so goldne Zattra hangat,
sait zu deana ma bei eis:
Hudalemäh.

Denn jetzt ruckat dia zmols älle
grad wia a'dao mit da Felle
vo so kleina Lämmle raus,
schüttlat um dia rauta Hüatle
vo da Haselheckablüatle
wieder ihrne Wölkle aus,
daß im Herbscht jo jeder Ma
Haselnussa holla ka,
dia-n es aber au noch geit,
wenn ma Haselzattra sait.

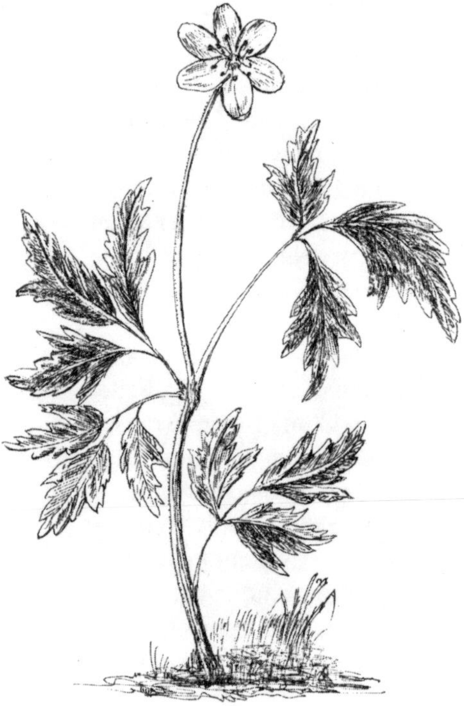

Gugguggssträuß - Buschwindröschen
Anemone nemorosa

Gugguggssträuß

Kaum daß hot dr Guggugg gschria,
scheints im Wald ganz weiß
und deand ihr jetzt wieder blüah,
liabe Gugguggsträuß.

Mit da aischta Veile fascht,
mit em Fink seim Schlag,
mit em rauta Seidelbascht
und dr Mois im Hag.

D Sonn helt ui zwar noh weng schmal,
doch dr Luft, dr lo,
weckt ui über Bearg und Tal
äll anander no,

streichlat jeda alta Bum
und au mir mei Gmüat
und im ganza Ländle rum
jede Gugguggsblüat.

Veile - Veilchen
Viola adorata

Veile

Ischt seit geschtert, seit ma Weile,
und doch schier wia auf oin Schlag,
schmeckts jetzt überal no Veile
und gsiehts blo am Gaatahag.

Grad als dät ma Dupfa streua
ra vom Himmel, so isch griicht.
Ällas duat se wieder freua
und kriagt zmols a anders Gsiicht.

Noitz ischt z'wüascht mir maih und z'wider,
und wenn i a Sträußle find,
isch mir grad, als wär jetzt wieder
ällz wia's gsei ischt mol als Kind.

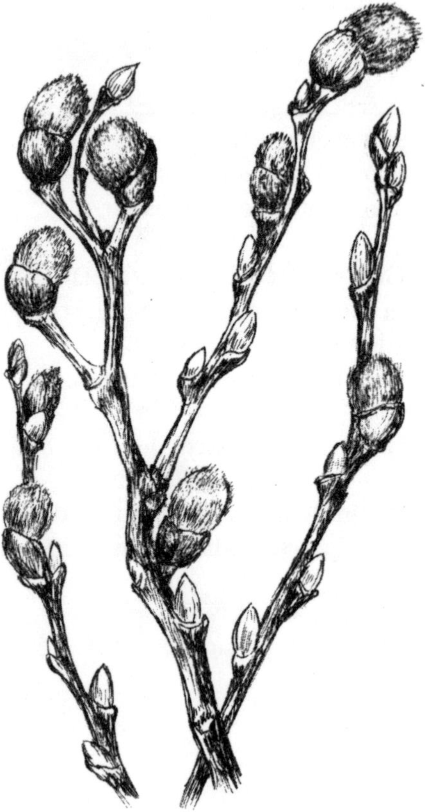

Weidakätzle - Salweide
Salix caprea

Weidakätzle

A ma ganz verstohlna Plätzle
e mei's Nochbers Gaata donn
staod de aischta Weidakätzle
voar em Feanschter vo meim Schätzle
und deand gloschta e dr Sonn.

Langsam treibts aus deana brauna
Knöpf dia Knölle, wia ma sieht,
feadraflauschig wia so Dauna,
und i ka bloß staoh und stauna,
und mi freua, wenn des gschieht,

ob deam Wunder, wo duat spriaßa
bald jetzt schao zwua Wocha lang,
mi lot meine Gluschta büaßa
und mir duat mei Schätzle grüaßa,
bis i wieder zua-n em gang.

Schlaihabluascht - Schlehdornblüte
Prunus spinosa

Schlaihabluascht

Neana noh koi Laub a’n Hecka
und kaum Blüamle zum verschmecka,
aber weagweis ganze Wuascht
weiße Wölkle: Schlaihabluascht.

Schlaihabluascht: s ischt kaum zum fassa,
daß dia Wuascht, so blüatabseassa,
geschtert voola Macka noh
ruppaleg sind gsei und gro.

Guck: dr ältascht Stachelhäuter
machat sogar mit, heut trait’r,
wia de andra au äll zmol
Blüaschtle, ganze Zotter vool.

Wusaleg um ällas zeema
summsalat und surrat d Iima,
schleicht dr Luft und geit koi Ruah,
bis noh d Sonna scheint drzua,

und sich s ganze Gwann duat freua
ob dr Bluascht vo deana Schlaiha,
wo dr Moi eis wieder jetzt
hot aso e d Wealt rei gsetzt.

Badenga - Schlüsselblume
Primula officinalis

Badenga

Hehlinga bleazlascht überei
im aischta warma Sonnaschei,
reibscht deine Bluamaäugle aus
und lächlascht über s Wiesle naus.

Riichtscht deine Blüatle, zwar noh gring,
schao hear für'n aischta Schmetterling
und freuscht de, weil dir s Bächle jetzt
wieder so luschtig nunder schwätzt,

so di s aischt Moialüftle grüaßt,
bis zmols a Kind dei Glück gar bschliaßt,
di hoim trait und e d Stuba nei
und voola Freud lot Früahling sei.

Ootrakraut - Stinkende Nieswurz
Helleborus foetidus

Ootrakraut

Im Ootrakraut – im Ootrakraut,
deam hao-n e nia so richtig traut,
und so mei Leaba lang
bloß weaga so ra Schlang,
wo's gar it geit, vo jehear schao
deam arma Pflänzle aoreacht dao.

Drum sott ma nia a Sach aobseah,
im Ghair no bloß, so wiichteg neah.

Dotterbluama
Caltha palustris

Dotterbluama

S braucht it vill zum sich freua dra,
s duats schao a grüaner Boscha
und a ma stilla Wasser da
an Dotterbluamadoscha.

Denn eisa Hearrgatt, dear hot au
neab seina graischta Wunder
dia kleina Sacha waasa lao
mit Dotterbluama drunder.

Sonnawirbel - Löwenzahn
Taraxacum officinale

Sonnawirbel

Guckets a, dia Sonnawirbel,
wia se stolz im Grüana staod
und ihr goldig geals Gezwirbel
über s Land hear leuchta laod.

Dausat kleine Sonna sitzad
e deam Zittergras am Hang,
und se bleazlad und se blitzad,
und se gloschtad und se glitzad
weit s ganz Ackertal entlang.

Und se spiaglat se im Brunna,
und se guckat überei,
grad als dätad se do hunna
dob vo deara graußa Sonna
lauter Sonnakinder sei.

Und se strahlat aus deam Fuatter
e dean blaua Himmel nei,
und se grüaßat ihra Muatter
wieder mit em oigna Schei.

Bald sinds lauter Kugelbälle
und dr Sommerluft traits weit,
bis aus deana Wirbel älle
wieder Sonnawirbel geit.

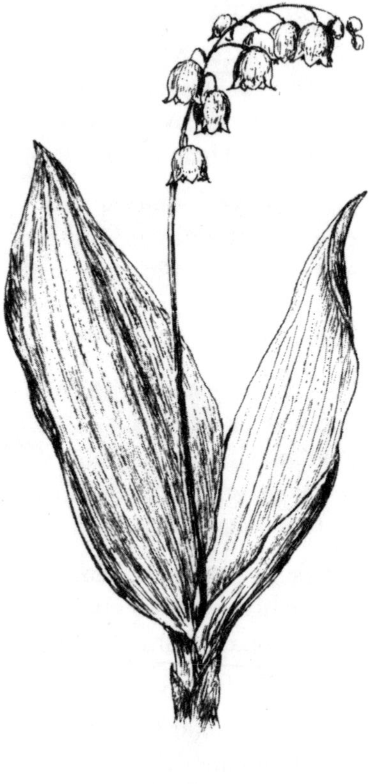

Moiaraisle - Maiglöckchen
Convallaria majalis

Moiaraisle

Noh voar i's gseah hao und entdeckt,
hao-n i dia Blüamle schao verschmeckt
do unter deana alta Buacha
im Wald beim Moiaraisle suacha,
wo's küahl ischt gsei und stoinig rauh
und schier weng z'schattanäächtig au.

Do sind se gschtanda noch, dia Stöckle
mit deana Raisle, deana Glöckle
am Stengale, und drum des glatt,
lanzettaförmig zwieslat Blatt,
und s hot me donderschlächtig gfreut,
daß noh dia Moiaraisle geit
a so ma ganz verstohlna Platz,
weit weg vom Ruach und seira Hatz,
und bloß für dia, wo voaderhand
noh s Blüamle ästimiara deand.

Immergrea - Immergrün
Vinca minor

Immergrea

Äwei grea, sogar wenns kalt ischt,
Schnai hot und schao s Johr weng alt ischt,
kennscht du koine Sorga als
au manchmol an rauha Hals.

Doch sobalds du weng verliggrat
hoscht, und s Schnaile gar versickrat,
ruckscht du aohne vill Gezaus
wieder wia voar altem raus.

Bloß natürle noh vill netter
als wia feand, mit schönra Blätter
und mit Äugle fascht so blau
wia vo eisra liaba Frau.

Denn für dia wiascht du jetzt gwunda
zu ma Kranz und zeema bunda,
und schmückscht so halt au des Johr
wieder ihren Moialtor.

Katzapfötle - Himmelfahrtsblümchen
Antennaria dioica

Katzapfötle

Wia a Katzapfötle goht es
auf a'r Himmelfahrt und stoht es
auf deam magra Schweichelwaasa,
wo mol höchschtens d Schof deand grasa,
s Volk vo'n Brummelkäafer schwirrt,
und sich kaum an Mensch verirrt.

Reckt im Morgatau sei nasses
Stengale, sei rauchig blasses,
daß es schier it ma verleida,
so verschämt und so bescheida,
fascht zua zaghaft und zua zart –
aber a dr Himmelfahrt.

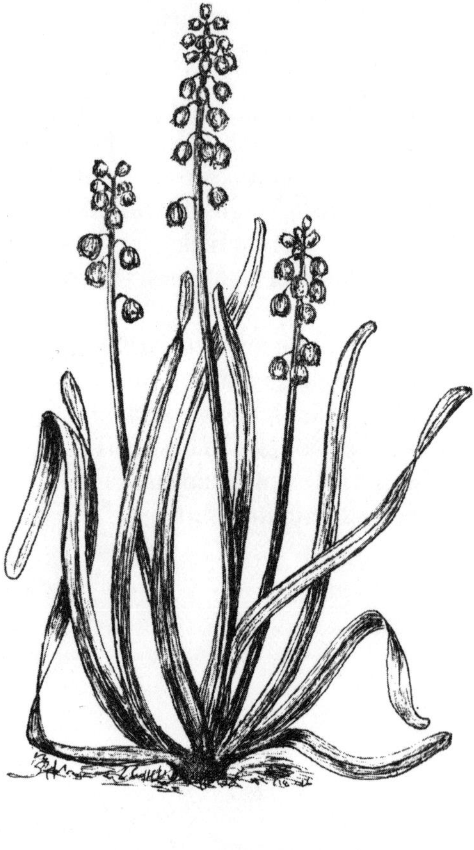

Kessale - Traubenhyazinthe
Muscari botryoides

Kessale

Blohemadle und Moiaglunker,
Gottsackerkrüagle, Lumpadunker,
Mischtbaurabüable, Aokrautpfleager,
und Kessale und Kematfeager,
Schofschaicherle, Mausaihrle, Träuble,
Haidgluckerle und Glockahäuble,
Brautjumpferle im Glück und Fräule,
Schmearbäuch, Schmalzhäfale und Bläule,
au Gugguggsblüamle und sogar
Bettsoicherle und Hudaleswar
und noh woiß Gott was ällz e oim:
so hoißt ma ui bei eis dahoim.

Kohlraisle aber au zum Preis
vo ui und au vom Koch Matheis,
wo ui hot gschildrat dur sei Lies
als Stuck vom Himmel auf dr Wies.

Waldvögale
Cephalanthera damasonium

Waldvögale

Koi Mönchsgrasmückle und koi Mois
im Moiawald duß, und au kois
vo'n Vögale, wo wohlbekannt
mit ei'stimmt, wenn se singa deand,
bischt du, noi, mit deim sanfta Gmüat
a Vögale im Wald, wo blüaht,
still und bescheida i ma Eck,
und wieder au bloß zu deam Zweck,
daß jeder, wo vrbei goht, ka
sich freua dra.

Scharbockskraut
Ranunculus ficaria

Scharbockskraut

Dr Scharbock, dur Johrhundert rei
ischt des a schlimme Kranket gsei,
a Suucht, wo, wia vom Tuifel bseassa,
da Leuta s Zah'floisch hot verfreassa
und dia noch meischtens noh, bigott,
so magablüatig plogat hot,
daß dia noh voar dr Zeit am End
sogar schao na da Gaata send.

Bis halt noch mol a gscheider Ma
zweag deam sich versinniert hot dra,
a Gegamittale bezweckt,
und so dabei des Kraut entdeckt,
wo mit seim Seaga, seira Kraft
oim dia Verleichterung verschafft,
wo ma sei Leba lang jetzt braucht,
daß oin dr Scharbock nimme schlaucht.

A'schwaaze Fluig - Fliegenragwurz
Ophris insectifera

A' schwaaze Fluig

Mittla e deam Waldgraszuig,
zwischat Halm und Schwengel,
sieh-n e zmols a schwaaze Fluig
a ma grüana Stengel.

Zaischt hao-n e weng gschaicht drno,
grinst und glotzt und glachat,
und mit deara Fluig halt so
meine Gschpuuchta gmachat.

Bis i noch beim näher bseah,
wia a so ma Gleander,
hao zmols sechs so Fluiga gseah,
oine ob dr ander.

Wia-n e deam bi gar auf d Spur,
merk e, wia mi alta
Esel wieder mol d Natur
hot für Narra ghalta.

Denn do hao-n e gmerkt dabei,
daß des jetzt ganz gmüatle
sind gar koine Fluiga gsei,
sondern lauter Blüatle.

Frauaschuah
Cypripedium calceolus

Frauaschuah

Seallamol als kleiner Bua
weng verschrocka bi-n e schao,
wia de s aischt mol gfunda hao
und di seah mir aus deam dunkla
Fohrahau vergega funkla –
Frauaschuah.

Und s lot mir noh heut koi Ruah,
denn wia's mi hot seallmol gfreut,
freuts me grad so au noh heut,
wearad meine Auga runder,
wenn e's wieder bsieh, dei Wunder –
Frauaschuah.

Heut und moan und äwei zua
muaß zwar eisa liabe Frau
weaga deam noh barfuaß gaoh,
doch du hilfscht mit deira reicha
sealtna Bluascht des aus jetzt gleicha –
Frauaschuah.

Felsanägale - Pfingstnelke
Dianthus gratianopolitanus

Felsanägale

Felsanägale, i ka
gar it saga, wia de ma,
wenn i sieh, wia um und um
du jetzt blüahscht a'n Felsa rum.

Blüatarusaleg und raut
druckscht du bald aus jedem Schraut
und mit Funkeläugle fascht
schöner wia dr Seidelbascht

schenkscht du, schao weng sealta, oim
dei Geblüat bei eis dahoim,
ra vom Zupferfelsahang
so s ganz Rauhertal entlang.

Kennscht koi Gschniegel und koi Gschnack,
bloß dein wundersealtna Gschmack,
wo mir jetzt beizeita sait:
bald isch wieder Sommerzeit.

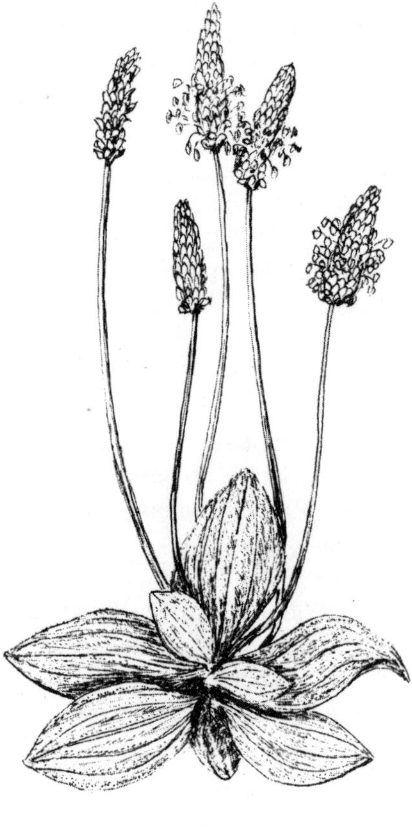

Wegerich
Plantago media

Wegerich

Dr Weagarich, dr broit, dr spitz,
dr mittler au, dear hot sein Sitz,
wia schao dr Nama sait, a'n Weag
und wuachrat aohne jede Pfleag
mit seina Blätter, seira Blüat
sogar noh, wenn'r treatta wiad,
sogar noh e dr graischta Hitz.

Stoht au als Vogelfuatterfritz
bei eis dahoimta auf em Land
für s Vogelvolk am Stroßarand
mit seina Kolba und spendiert,
bis wieder schneit und wieder gfriert.

Jetzt aber braucht ma'n aischt ällbott
als Tee, wenn ma da Huaschta hot
und hoiser ischt und des oin brennt,
daß ma fascht feezig weara könnt,
und bloß dr Weagarich als Gschpa,
als guater, oim noh healfa ka.

Heckaraisle
Rosa canina

Heckaraisle

Wenn dr Guggugg schreit und s Zeisle
zwitscherlat und d Mois im Hag,
ruckat wieder d Heckaraisle
raus und sagat: »Guata Tag!«

Lockat aus deam Laub, deam lucka,
zaischt noh kuahl zwar und mit Knöpf,
und deand zmols e'r Wealt rum gucka,
ganz verwunderat, dia Tröpf.

Machat weiter koine Gschiichta
und au suscht koin Schabernack
und deand bloß weng d Leut vertriichta
um und um mit ihrem Gschmack.

Wearad aber, weils it langat
jetzt e'r Bluascht, aischt oibes nutz
spät im Sommer, denn do hangat
Hagabutz a Hagabutz.

Weihwedel-Waldgeißbart
Aruncus silvester

Weihwedel

Weihwedel, weiße, sind des zwar,
doch s Wasser do drzua ischt rar,
wo's e dr Kircha suscht so geit,
wenn ma mit deana Wedel weiht.

Noi, do dia Wedel, wo-n i moi,
deand weiter noitz als duß a'n Roi
im Schattawald e'r Blüate staoh,
so wia's dr Herr hot waasa lao,

so wia's dr Herr dr Wealt zum Preis,
dr schöna, oh und au für eis
hot hear griicht, so daß drum am End
halt doch noch gweihte Wedel send.

Taubnessel
Lamium album

Taubnessel

Im Nama no bischt du zwar daub,
doch wenn dr Sommerluft im Laub
lot d Vögel wieder pfeifa,
kascht du des wohl begreifa.

Hebscht deine Blüatabäuschle sanft
am Weag entlang, am Roi, am Ranft,
und leabscht aso, kaum g'aachtat,
in Dag nei, bis es naachtat.

Feirascht aso dei Sommerfescht
und d Iimle bloß sind deine Gäscht,
wenn d Sonn duat um di bruzzla,
und deand dein Honig zuzzla.

Und trotzdeam daß du gar noitz hairscht
und it vill voarstellscht, neamerd ghairscht,
hilfscht du seit Menschgedenka
dia Süaßigkeit verschenka,

wo eisa Herr au e dei Bluascht
hot nei glait, wenn du blüaha duascht,
und so noch ganz im Stilla
dein Auftrag halt erfülla.

Kamilla
Matricaria chamomilla

Kamilla

Armselig ischt dei Gwand, und gring
so au dei Blüat, a magers Ding.

Au suscht ischt grauß noitz bsonders dra
a dir, wo ma bewundra ka.

Aber, und des wiad wohl dabei
wahrscheints au s ällerwiichtegscht sei,

wenn oi'r amol di trotzdeam braucht,
weil a dr Katzajakob schlaucht

und ear dean Seaga aus deim Saft
weng suacht, no merkt'r aischt, dei Kraft

leit doch e deira magra Blüat,
halt oifach e deim sanfta Gmüat,

wo ällz beruhigt, was ällbott
im Leaba weng an Macka hot.

Glockabluam
Campanula rotundifolia

Glockabluam

Du Glockabluam,
am Schlaihahag
find i di schao
ganz früah am Tag.

Du Glockabluam,
dei himmelblau
schö Morgagläut,
des hair i au.

Du Glockabluam –
und so ganz gfreut
konnt ällz gar
wia's Gottvatter geit.

Akelei und Türkabund
Aquilegia vulgaris/Lilium martagon

Akelei und Türkabund

Akelei und Türkabund,
glockig zart und zackig rund,
deand auf deam verrupfta Rasa
tuif im Buachschlägle waasa,
grüassa aus em Schattagrund
und zum liab hao und lobpreisa
so ihr wundrisch Weasa weisa
jedem, wo a Freud hot dra,
so lang als ears bseah duat und
bis'r bloß noh saga ka:
Akelei und Türkabund.

Sauerampfla - Sauerampfer
Rumex acetosa

Sauerampfla

Sauerampfla, Sauerampfla,
hot'r neigschlappt ganze Hampfla
und drzua noh Hasaklai,
bis'r zmols noch s Magawaih
kriagt hot, dr klei Bua vom Baur,
wahrscheints, weil s em oifach z'saur
auf hot gschtaußa, do des räs
saftig Sauerampflagfräß.

Was se jedoch au noh deand,
do dia Ampferle mitnand,
aohne daß ma's nei bloß frißt
und verdruckt im Übermuat:
sorga für a saubers Bluat,
wenn ma's maßvoll ißt.

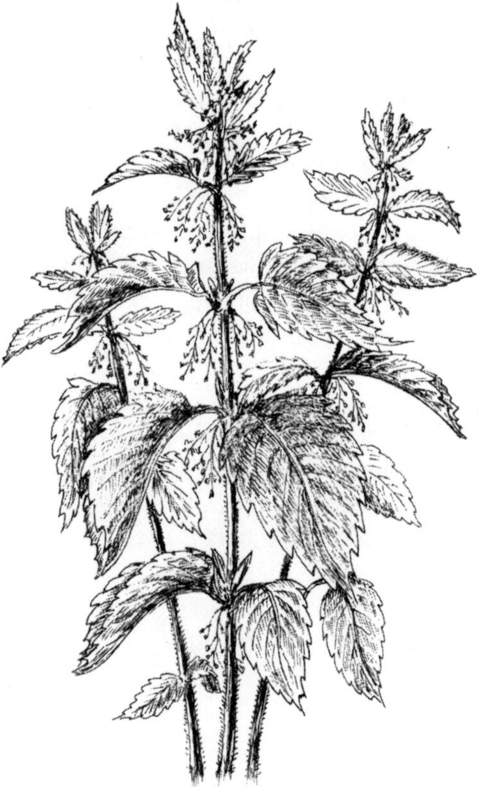

Brennessel
Urtica urens

Brennessel

A da Zäu und a da Roi,
überal bischt du dahoi,
neamerd ma de reacht und gmieda
bischt vo älla, aber z'frieda.

Wenn sich jedoch oi'r vergreift
und dir auf dein Frieda pfeift
und dei Oifalt will verkenna –
dean duascht brenna.

Vergißmeinnicht
Myosotis palustris

Vergißmeinnicht

Blüah, du blasses Blüamle, blüah
a deam dunkla Wasser,
aber mach dr it z'vill Müah,
suscht wiascht älltäg blasser.

Laß-es grauß it e de nei,
wenn de d Leut so plogat
und weag deara Mögerei
und woiß Gott was frogat.

Guck da Himmel a und laß
dir ob deara herba
Kugelfuhr do auf dr Gaß
jo it d Freud verderba.

Duar au mi, Vergißmeinnicht,
mit deim Blick, deim treua,
wenn'r so mir d Sorga bricht,
äwei wieder freua.

Butterbluam - Trollblume
Trollius europaeus

Butterbluam

Wenn i so dia kugelbauschta
Kelch, dia goldna, sieh, dia gflauschta,
duß am Wald im küahla Grund,
vo da Butterbluama, und
so dia Pflanz, dia blüatasaftig,
muaß i saga mir: wahrhaftig,
des ischt oibes bsonders gfreuts,
oibes, wo mir bsonders guat
herzhaft bis e d Seel nei duat.

Denn it selle vill maih geits,
und dia paar, wo mir noh haod
und a eisem Waldrand staod,
muaß ma noh voar sealla schütza,
wo's e ihrem Aoverstand,
e dr Dummheit denn, stibitza,
räubera und rupfa deand.

Weagwaat - Wegwarte
Cichorium intybus

Weagwaat

Dia Weagwaat, wo am Weagrand stoht
am Morga schao, wenn d Sonn aufgoht,
so blo und steannablüatig griicht,
duat strahla mit em ganza Gsiicht.

Duat jedem lächla, wo dabei
bleibt staoh und it bloß goht vrbei
und sogar als gschtandner Ma
sich Zeit nimmt zum sich freua dra.

Duat jedoch seallem Ma, wo jetzt
im Daubadiicht bloß weiter wetzt
und e seim Dürmel gar it sieht,
was wunders do am Weagrand gschieht,
noitz schenka, denn dear duat dabei
jo sowieso dr Dumme sei.

Schwalbawuuz
Vincetoxicum hirundinaria

Schwalbawuuz

Sieh-n e, Schwalbaschwanz, di sitza
auf dr Schwalbawuuz im Gras,
geal und schwaaz und blau di glitza
und di flattra und di flitza,
moin e wieder Wunder was.

Leicht und locker duascht de lupfa,
hear verwusalat vom Trauf,
und um deine rauta Dupfa
molat d Sonn dir Kringel drauf.

Gaucklascht so noch auf und nieder
über s Feald hear, über d Wies,
deuchts mi grad, als wär des wieder
mir an Gruaß vom Paradies.

D Schwalbawuuz e'r Blüate aber
freut se dra und wiad it müad,
und bis bald mol anderscht wiad,
helt dr Luft drum sei Palaber,
singt dr Luft sei Sommerliad.

Zitterle - Zittergras
Briza media

Zitterle

Des Zitterle, des klei, ischt gwieß
it s Vürneamscht vo dr Sommerwies
und s schöscht vo älla Gräser,
aber s ischt sauber zeema griicht
und hot a liabs, a sealtas Gsiicht,
und it bloß so an Mäser.

Koi anders hot dr Sommer jetzt
so wusaleg e d Wealt nei gsetzt,
duat wispra drin und weaba,
lot's laus des Zitterle, des klei,
und zittera im Sonnaschei
voar lauter Freud am Leaba.

Pfeafferminz
Mentha piperita

Pfeafferminz

Ganz im Eck, e's Muatters Gaata,
untrem Dachtrauf, bei'n Zibaata,
duascht du ganz bescheida staoh
und di zweag deim guata Gschmack
sommersdur umsorga lao
neabat s Nehnes Rauchtabak.

Koine schöna Blüata traga,
und au suscht noitz grauß zum saga,
duascht du weiter, noi, dei Bott
gilt alloi deam baisa Schlauch,
wenn oi'r s Griß und s Grimma hot
und a Gschuur, a Gschuur im Bauch,

und zmols zweag dr schnealla Kätter
jetzt dia Bluascht und deine Blätter
braucht e'r ällergraischta Naut,
bis sich wiederum d Natur
mit deam Tee do vo deim Kraut
hot versäubrat dur und dur.

Katzadoopa - Wundklee
Anthyllis vulneraria

Katzadoopa

Wenn i a des Gottesgschenk,
mei klei molligs Kätzle denk,
wia-n es umtreibt, wia's duat groopa
und aso zum Spiela groizt
d Pfötle vüre streckt und sproizt,
und noch ui sieh, Katzadoopa,
duß am Hang am rauha Roi
wuachara bei eis dahoi,
muaß e saga: bis auf s Hoor
fascht genau so, wäger wohr.

Ällerdings, wo ihr deand hausa
und ui rega, auf deam Platz
sieh-n e höchschtens mol a Katz
weng so wildera und mausa.

Doch des hot mit deam noitz z'deand,
daß ihr jetzt det blüaha deand.

Käsloible - Wegmalve
Malva neglecta

Käsloible

Käsloible ällaweil noh sends,
jedoch bloß noh dr Kräutjerg kennts,
dr Letschsepp, d Schulzabaurmarie,
s Schmalzmelchers Bärbale und i
deam Nama no als des, denn heut
sinds »Malvastöckle«, und es geit
it vill maih, wo am Weagrand staod,
weils dia mords Teerweag gfreassa haod,
und d Auto s Pflänzle au noh, s krank,
gar ganz lädiert mit ihrem Gschtank,
des Salz im Winter, wo ma streut,
und au dr Aoverstand vo'n Leut,
wo bloß noh a sein Voatel denkt
und au dia Loible hot verschenkt,
wo für eis Kinder a so klei
sogar sind Leckerbissa gsei
und zweag dr Form vo'r Fruucht noch des,
wia Loible vo ma Schweizerkäs:
Käsloible, trotzdeam daß dia nett
Pflanz hot au schöne Blüata ghett.

Kaiserkron
Fritillaria imperialis

Kaiserkron

Voar meim Häusle, wo-n i wohn,
dussa e meim kleina Gaata,
duascht du wieder auf mi waata –
Kaiserkron.

Äller Kugelfuhr zum Hohn,
ällem Gschroi und ällem Rasa,
stohscht du stilla auf deam Wasa –
Kaiserkron.

Und sogar dear bluatraut Mohn,
do dear fuirig, duat verblassa
bei deim Strahla über d Gassa –
Kaiserkron,

voar meim Häusle, wo-n i wohn,
duascht mir so dei Weasa weisa
und i ka di bloß lobpreisa –
Kaiserkron.

Eemahäusle - Blutroter Storchenschnabel
Geranium sanguineum

Eemahäusle

Koi Wunderbluam, koi Sonnaraisle
bischt du, aber a Iimahäusle,
weil d Iima halt gean zua dr kommat
und um dei bluatraut Kelchle summat
solang du blüahscht, und des e oim,
als wärad se bei dir dahoim.

Wenn aber zmols noch, wia e'r Naot
au deine Blätter wearad raut,
weil du di do drzua bequemscht
im Herbscht und it, weil du di schämscht
jetzt e deim Amt als Storchaschnabel,
hot's des Gesumm und des Gezabel
und vegetierscht du gar so naus,
bis au dia Herrlichkeit ischt aus.

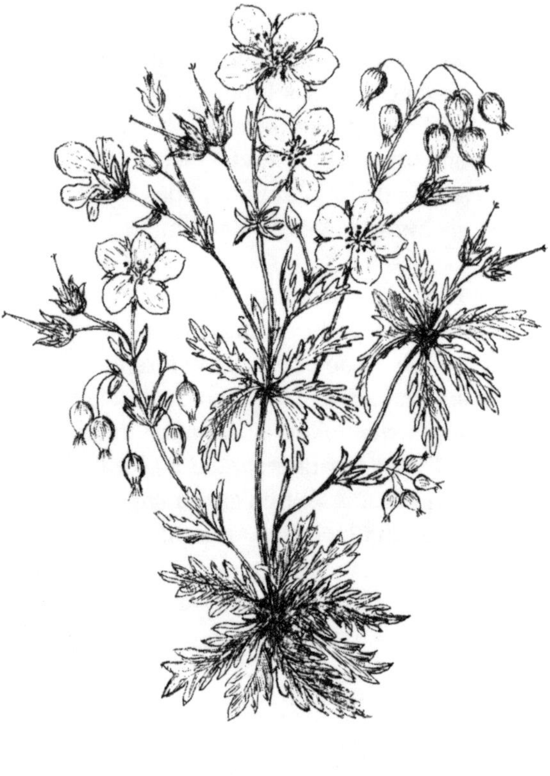

Storchaschnäbel - Waldstorchenschnabel
Geranium pratense

Storchaschnäbel

Dear Engel mit seim graußa Säbel
hot d Störch no'it kennt und d Storchaschnäbel,
suscht hett'rs it vo's Adams Wies
nausgstäuplat aus em Paradies.
Do haods beim Pharao dia alta
Ägypter schao weng anderscht ghalta
und seallmol schao, also ganz früahr,
d Störch ästemiert als heilge Tier.
De'scht ällas guat und reacht, sait d Bäbel,
doch daß bei eis bloß Storchaschnäbel
und koine Störch dra waasa deand,
de'scht komisch, des ischt ällerhand.
Wear des kapiara will, muaß gucka,
wia dia sich deand a'n Roi rum drucka,
harmlose Ding und it vill dra,
so daß ma riabig saga ka:
It jeder Storchaschnabel schnablat
und helt an Frosch am Grips, wo zablat,
oder sogar noh statt ma Frosch
wia früahr a Kind, a klei's, e'r Gosch.
It jeder Storchaschnabel klapprat
und räsoniert so laut und babbrat
und ischt, wia dear – oh Armetei! –
bloß Schnabel und koin Storch dabei.

Hohlzah - Hohlzahn
Galeopsis tetrahit

Hohlzah

Was i fascht it glauba ka,
ischt, daß so a hohler Zah,
wia-n r leabt und wia-n r leibt,
sommers dur sein Aofirm treibt.

Alloi schao, wenn i bloß dra denk,
ziahts mir dur mei Kieferglenk
und rumorts au e meim Gmüat.
Eisa Hohlzah jedoch blüaht,
blüaht da ganza Somer dur
aohne Gschaich und aohne Gschuur
sogar als a hohler Zah,
wo ma sich ka freua dra.

Dausatguldakraut
Erythraea centaurium

Dausatguldakraut

Du aber, Dausatguldekraut,
bischt halt s Vürneamscht, du bischt d Braut
vo älla deana Pflanza,
loscht so da Mao dur'n Sommer rei
und d Steannabluascht, da Sonnaschei
dir um dei Köpfle danza.

Bloß d Kräuterlies kennt dein Verbleib,
dr Schäferjörg und s Wuuzlaweib,
und wissat um dein Seaga
für jede Krankat, jede Naot,
und deand drum lobesam dei Kraut
und hehlinga di pfleaga.

Konnt aber oiner, wo d Natur
verhunzt, deam machscht an Strich dadur
und loscht di grauß it kränka.
Im sealla jedoch, wo se freut
a dir, duascht, aohne daß di reut,
dei Guldawar verschenka.

Hairle - Klatschmohn
Papaver rhoeas

Hairle

S Hairle mit seim nobla Huat,
seira rauta Kappa,
stoht im Koara din und duat
kaum maih nore knappa.

Weil's jedoch im Korn für d Katz
blüaht und halt am falscha Platz,
konnt dr Roßbaur und reißts raus,
weil's em duat it gfalla
und noitz ei'trait, und wirfts naus,
naus dia Ackerschnalla.

So hoißt nämlich s Hairle au,
trotz da schöna Auga,
und weil's e dr Fruucht so mau
suscht zu noitz duat tauga.

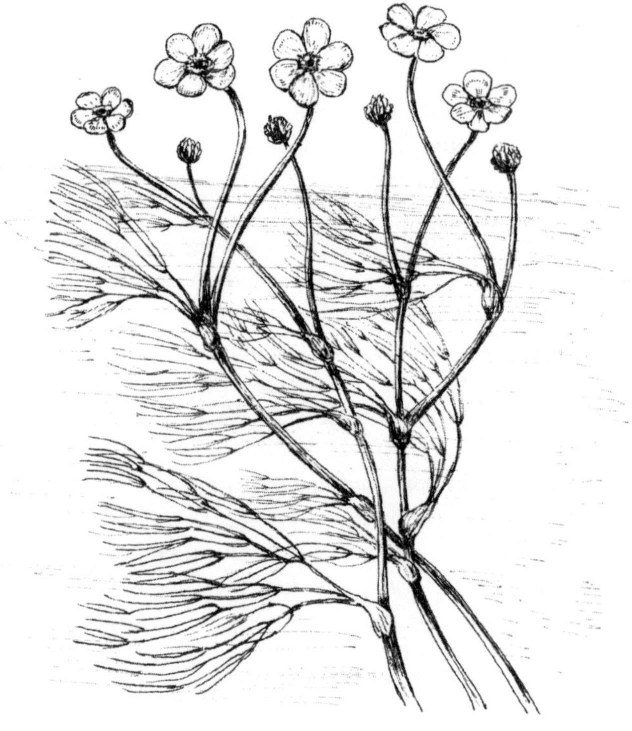

Fischkraut - Flutender Hahnenfuß
Ranunculus fluitans

Fischkraut

Sobald dr Sommer a so warm
nimmt ällas wieder nei in Arm
und wia a reicher Prasser
sich sproizt und um sein Wohlstand müaht,
bis sogar s Fischkraut wieder blüaht,
blüaht zmols au wieder s Wasser,

und wusalat und wedlat s Kraut,
weiß übergloschtat, wia vo'r Braut
am Ehratag dr Schleier;
helt Hof im Sommersonnaschei,
und läd't jetzt so dr Bach oin ei
zu seira Hochzeitsfeier.

Tuifelsaug - Sommeradonisröschen
Adonis aestivalis

Tuifelsaug

Wenn ma, wia früahr, dur d Fealder goht
und voar ma Woizaacker stoht,
und zmols i'n Hälm a Aug verblickt,
so fuirig, daß ma fascht verschrickt,
bluatunterloffa und wia wund
dia geal Pupill im schwaaza Grund,
noch merkt sogar dr vürneamscht Chrischt,
daß des wia s Aug vom Tuifel ischt,
wo laurat auf a arme Seel.

Als Blüamle ällerdings weng fehl
wär's so für dean Fall zeemagriicht
e'r Brotfruucht mit seim schöna Gsiicht,
wenns vüre guckat voola Gluat,
so schwaaz wia d Naacht und raut wia Bluat.
Zweag deam ma's au noh, wia ma woißt,
bei eis dahoim »Bluatströpfle« hoißt.

Kapuzinerkresse
Tropaeolum majus

Kapuziner

Älltäg fuiriger und schöner
hangat wieder Kapuziner,
fascht noh gattiger wia feand,
und wia mi deucht, ganze Schauer
über s Nochbers Gaatamauer
ra bis auf da Stroßarand.

Jeda, wo vrbei goht, freut es,
denn it vill im Oat maih geit es
und dia Blüat ischt selle rar,
und genau au wia bei'n reachta
Kapuziner, wo deand feachta
um da Nochwuchs, Mangelwar.

Aber Kapuziner sind es
ällaweil noh, und i find des,
eaba weil se rar sind, guat
e'ra Zeit, wo bald noitz will maih
als bloß Ramschwar und it vill maih
für dia Kapuziner duat.

Kornbluam
Centaurea cyanus

Kornbluam

D Kornbluam hot blüaht amol im Korn
und ihra Blüatakörble haoh
als Kaiserbluam und himmelblau
zwischat da Hälm vom Woiza trait,
bis noch dia Baura zmols im Zorn
(und weag em Voatel au) haod gsait:
s sei bloß a Aokraut, und beizeit
des Blüamle naus voarn Acker keit.

Was ma e deam Fall deana dra
au wieder it verarga ka,
denn, wenn ma ehrlich überdenkt,
daß oim dr Herr bloß d Fruucht hot gschenkt
für s Brot, noch sieht ma sicher ei,
daß des vill naitiger duat sei
als äll dear Krimskram und des Kraut,
wo sich drzwischat nei hot traut.

D Kornbluam jedoch, dia blüaht und blüaht,
bis wieder amol Sommer wiad
und – des ghairt au noh gsait zum Schluß –
genau so schö voarm Acker duß.

Rittersporn
Delphinium consolida

Rittersporn

Ällz ischt still ringsrum und losat,
denn am Ackerrand im Korn
stoht gar stolz dr Rittersporn,
bleazlat überei und blosat
auf seim blaua Blüatahorn.

Ällz ischt still ringsrum und freut se
a deam Rittersporn seim Liad,
wo-n r blosat, nimme müad,
denn dr hairt aischt auf und geit se,
wenn es wieder Obad wiad,

wenn koi Halm maih sich duat rega,
d Naacht da Feierobad bringt,
höchschtens noh a Grille singt,
bis im nuia Tag vergega
bald des Horn noch wieder klingt.

Mauerpfeaffr - Mauerpfeffer
Sedum acre

Mauerpfeaffr

Bloß bescheida blüaha deaff'r
auf dr Maur, dr Mauerpfeaffr,
und am Weagrand auf em Kies,
aber oinaweag doch gwieß:
so schö steannablüatig boschat
und so geal vo'r Sonn verdoschat
findscht koin, au it auf dr Wies.

D Sonna, freile, dia muaß scheina,
weil ma wäger suscht it sieht,
was am Rand so ganz im Kleina
für a Blüatawunder gschieht.

Buckalestöck - Krauser Ampfer
Rumex crispus

Buckalestöck

Im buckliga Winkel,
im Aokräutereck,
do staod se jetzt wieder
dia Buckalestöck.

Do staod se jetzt wieder
und schiaßat e's Kraut,
graußblättrig und sterrig
und gfiederat raut

mit ihrana Wedel
faschtgar wia an Strauch;
und mancher wiad froga:
zu wa ma dia brauch?

Des seiat bloß Noitznutz,
für d Katz, und sogar
koi bizzale schö und
bloß Hudaleswar.

Jetzt nu it glei bräfflat,
sait do dr alt Lui,
und d Rautbuckler gscholta
und glei über s Knui.

Weil noitz wia dia Pflanz do
ihm johrelang schao
für d Schmeaza a'n Füaß
um dia Feahler häb dao.

Drum soll nia oi'r saga,
was ear für so gring
dear halta: des sei bloß
a aonaitigs Ding.

Klaffa-Klappertopf
Alectorolophus rhinanthus

Klaffa

Dia Klaffa do, dr Klappertopf,
dear klapprat mit seim hohla Kopf,
und weil dear des vo jehear schao
hot gmachat, muaß ma'n macha lao,
ka's nimme anderscht riichta.

Doch was gäb des für Gschiichta
und für a baise Klapperei
im Ländle rum bei Grauß und Klei
so Tag für Tag vo früah bis spät,
wenn jeder Hohlkopf klappra dät?

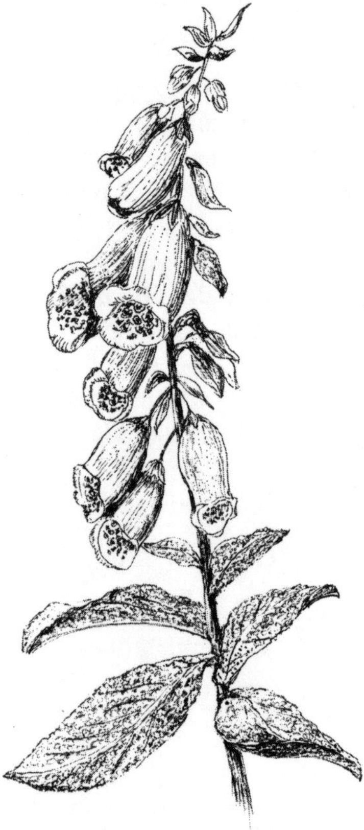

Fingerhuat
Digitalis grandiflora

Fingerhuat

A raute Ruat, a geale Ruat,
und Fingerhuat a Fingerhuat
grad wia a so ma Gleander
oi'r schöner wia dr ander,

duat schao da halba Sommer lang
a'r Halda nauf am Bearg entlang
und zwischat deana Hecka
sei Stauda vüre strecka.

Dr luagat no em Sonnaliacht
und losat, wia dr Tag verhiacht,
und glüaht und blüaht und gloschtat
bis'r so langsam roschtat,

wenns herbschtalat, und halt noch merkt,
daß ällz jetzt nimme selle ferkt
als Fingerhuat, denn leider
fehlt ihm jo au dr Schneider.

Natternkopf
Echium vulgare

Natternkopf

Weit s Maul aufreißa duat'r zwar,
dr Natternkopf, wia wüatig,
doch grad des ischt dra wunderbar,
wenn'r so rachablüatig
oin fascht verschreckt und doch dabei
bloß duat dia schö blau Bluam do sei,
wo auf deam magra Kiesgrund stoht
und sich vo'r Sonn verwöhna lot
und jeda, wo vrbei goht, grüaßt,
und jedem, wo sich mit dra freut,
au do drvo a Spraitle geit.

Freile, sobald ma dean noch gnau
duat bseah, sieht ma dia Boaschta au,
dia stupfliga, und deam sein Stich
als stachlig stolzer Heinarich.

Keale-Bittere Kreuzblume
Polygala amarella

Keale

Schao mei Nahna, des arm Heahle,
hot da Sommer dur bloß Keale
gsammlat und sich gfreut und glachat,
wenns ihr d Sonn hot glempfig gmachat,
do des Gschäft beim zeema ruacha
und a'r Kealestoig dob suacha
oder duß e'r Halderstätt,
bis se hot ihr Quantum ghett.
S hot se meischtens ghörig gschlaucht,
aber s ischt a arme Haut
gsei und hot dia Kreuzer braucht
und dia Batza für des Kraut,
wenn dr Kräuterma ischt komma
und dia Keale mit hot gnomma
e sei Apothek für d Leut
und dia Breaschka, wo-n es geit.
Au ihr sealber hots ällbott
gholfa bis e's Alter nei.
Wenn se s Glucksa plogat hot,
ihr im Maga mies ischt gsei,
oifach s Weib a Kreuz hot blangat:
d Nahna hot no'n Keale glangat;
sogar auf em Daudabett
noh e'r Hand a Sträußle ghett,
wo se braucht hot, aus dr Zeit
für dean Weag e d Ewigkeit.

Hauswuuz - Hauswurz
Sempervivum tectorum

Hauswuuz

Bloß beschreiba, weng beschreiba
will i's und koin Aofuag treiba,
wenn i's sieh, dia runda netta,
kugelbauschiga Rosetta,
wo sich zeema gfunda haod
und jetzt auf meim Dachnat staod.
Schao mei Nehne hot verzellt,
wia sich häb sei Vatter gschtellt
und dia Hauswuuz äschtimiert,
wo ihm häb s ganz Dachtrauf ziert
hintrem Haus, wo des am Hang
fascht e d Halda übergang.
Bsonders schö und kaum zum glauba,
sei dia Steannablüatahauba,
wo dia Wuuz, wo vüre rag,
auf deam gschuppta Stengel trag.
D Hauptsach aber sei: se schütz
s Haus im Sommer voar em Blitz,
dear mit ihrem Bann dia baisa
Hexaweiberschlich vertlaisa,
au dia Wuat, wo dr Leibhaftig
oft oim zuaschanz, wenn'r stauß.
Drum sei au dia Wuuz so saftig
und dia Pfleag drvo so grauß,
weil ma wiß, so sait dr Ma,
was dia Hauswuuz ällas ka.

Kleiba - Klebkraut
Galium aparine

Kleiba

Zwar bloß ganz bescheidne Kleiba
sind'r lang schao, aber Kaiba,
wo im Sommer e dr Fruucht
deand ihr aoguats Weasa treiba
und fascht ruacha wia a Suucht.

So hot früah-n'r jeder gsait,
wo des Kleibakreuz hot trait.

Heut jedoch ka koi'r vo'n Baura
jetzt dean Zuastand maih bedaura,
weils dia Kleiba do zu'r Zeit
und dia Kaiba, wo deand laura,
oh, und drum au jetzt dia saura
Bauragsiichter nimme geit.

Sanikale - Waldsanikel
Sanicula europaea

Sanikale

Sanikale, Sanikale
vo'r Waldwies duß, sait s Rickale,
dia duar i bsonders naitig braucha,
wenn mi bei Naacht duat s Schrättle schlaucha,
mir auf dr Bruscht sitzt, bis me füag
und schiergar zmols koi Luft maih kriag.

Au wenn mol auf ma Feahl a'r Hand
mi d Rufa schnazigalla deand,
nimm i a Blatt, verreibs, legs drauf,
und schao hairt s Schnazigalla auf.

Sogar beim schiacha Magawaih,
und suscht woiß Gott, was ällz noh maih,
healfat mir gwieß, sait s Rickale:
Sanikale.

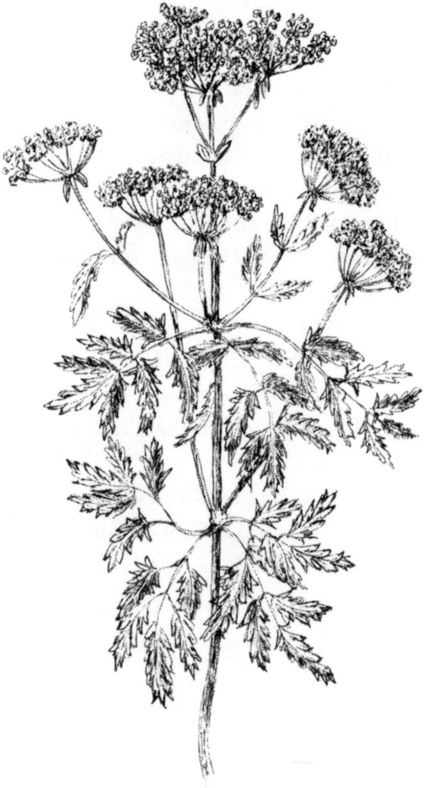

Schierling
Conium maculatum

Schierling

Dr Schierling ischt a grausigs Gift!
hot d Nahna gsait, wenn des oin trifft,
dears oim zum Stearba langa!

Aischt voarigs Johr sei über d Naacht
(i woiß, drum gib i au so aacht)
drvo an Ochs drauf ganga.

Frauamäntale-Frauenmantel
Alchemilla vulgaris

Frauamäntale

Schattig muaß es sei und feucht
auf dr Wies, doch, wia mi deucht,
sott au d Sonna auf deam Wasa
etlich Viatelstündle grasa
tagsdur, halt drzwischat nei
au mit ihrem warma Schei,
ihrem sommerselig schöna,
und e eisem Fall des klei
Frauamäntale verwöhna,
wo auf deara Waldwies stoht
und sich so umsorga lot.

Schliaßle hollats au noh d Muatter,
voars gar z'sterrig wiad im Fuatter
und vergäägarat sei Kraft,
weils jetzt stoht im beschta Saft,
und bloß e deam Zuastand nützt
und voar'n Weiberbreaschka schützt.

Ringale - Ringelblume
Calendula officinalis

Ringale

Mit deim Gsiichtle, mit deim flacha,
stohscht e's Muatters Gaata donn
zwischat deana grüana Sacha,
duascht di älltäg schöner macha
und di bräuna e dr Sonn.

Aohne Gschproiz und ganz bescheida
geischt de und bischt sauber griicht,
kennscht koi Samat und koi Seida,
aber ällas ma di leida,
ällas glaubt deim liaba Gsiicht.

Drübert hear gigampat d Schwalba,
und voars wieder sommermüad
mauderat schao ällathalba,
hollat d Nahna di zu Salba,
voars gar wieder Winter wiad.

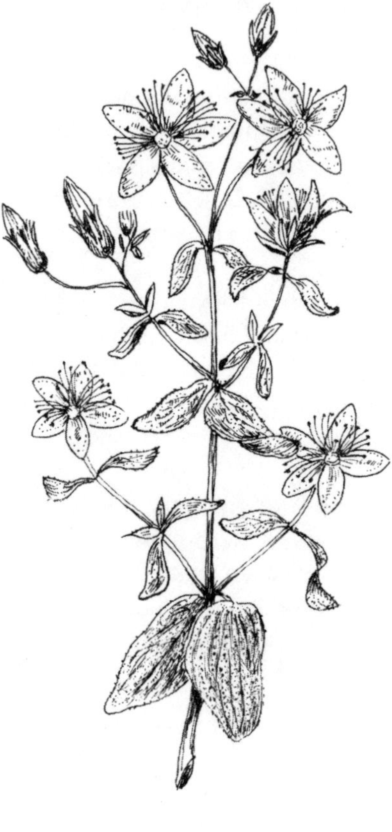

Johanniskraut
Hypericum perforatum

Johanniskraut

A dr Sommerhalda deanna
winkat deine goldna Steanna
jedem, wo für seine Macka
dir dei schöne Blüat will zwacka,
dir dei schöne Blüat will zwicka,
und sich it bloß nei drei schicka
e sei Krankat, seine Breaschka,
noi, dia schaicha und dia schaska
mit deim Tee, deim rauta Öl,
wo oim hilft a Leib und Seel,
wo oim hilft dia altersgraua
Sorga wieder bei da Fraua
gar vertreiba und au schao
hot für mancha Aofirm dao,
wenns dahinda wia davanna
haparat au bei da Manna,
und halt so lang nimme stimmt,
bis dei Kraut dean Schada nimmt.
Sogar s Tuifels Gwalt vertrieba
hoscht du schao, wenn ganz verschieba,
wia verhexat, zmols ällbott
oin sei Umtrieb plogat hot
und sich aischt noch wieder glait,
wenn dei Kraut hot Nutza trait,
so wia's dir dr Herr hot geah,
daß des ällz hot könna gscheah.

Gretle im Busch - Jungfer im Grünen
Nigella damascena

Gretle im Busch

So oft i's sieh, des Schleierkraut,
aus deam, wia a verschämte Braut,
so scheu und au so schüchtern,
sich s Gretale kaum vüre traut,
noch sag i mir ganz nüchtern:
s ischt au a Blüamle bloß, wo halt
will it vill wissa vo dr Wealt,
und drum da Kopf kaum vüre streckt,
weil dia oin meischtens bloß verschreckt
mit ihrem Umtrieb, ihrem Gwalt.

S ischt bloß a Blüamle, aber au
ois, wo so sommerblüatig blau
sich für des Schleierkraut hot bschieda,
daß es drin leaba ka im Frieda.

Steinbrech
Saxifraga aizoon

Steinbrech

Daß so a Wuuchtale, a Wicht,
wia dear sogar noh Stoiner bricht,
und mit seim Gwiichta, mit seim Gwalt
nei druckt e jeda Felsaspalt,
aohne daß oiber hairt und sieht
wiaso, worum und wia des gschieht,
hot sicher do bei deara Gschiicht
dear, wo dean waasa lot, so griicht,
so daß wohl sei Bewandtnis hot,
wenns eiserois au it verstoht,
denn grad, was eisa Hearrgatt will,
gschieht meischtens aoscheibar und still.

Balkaschlegel-Flockenblume
Centaurea jacea

Balkaschlegel

Koine Fisch und koine Vögel
und au suscht koi sealtas Tier
sind ihr, aber Balkaschlegel,
wia schao d Nahna gsait hot früahr.

Machat neamerd grauß koin Kummer,
deand koi Riesaschau aufziah,
aber doch da ganza Sommer
staoh im Ländle rum und blüah.

Uirne Flockabäuschle sproiza,
halba raut und halba blau,
d Hummsalar und d Iimle roiza
und dia schöna Falter au.

Bloß des oi ischt zum verwarna
e dr Fruucht für ui, daß dia,
wenns beim ernta goht a's barna,
ui lot halt da Küüzra ziah.

Aischt noch ka ma ehrle saga,
wenn beim barna ihr am End
heet haod gega d Bälka gschlaga,
daß ihr Balkaschlegel send.

Wurmfarn
Dryopteris filix-mas

Wurmfarn

I spinn bestimmt koi falsches Garn
und schiab da schwaaza Peter,
wenn i behaupta duar: dr Farn,
des sei an Wundertäter.

Des ka bloß dear so reacht verstaoh,
wo se muaß mit seim Ranza
vom Rheumatismus ploga lao
und Tag und Naacht kuranza,

wenn'r koi guate Stund maih kennt,
und bald bloß noh konnt krocha,
wenns boahrat, braiselat und brennt
und reißt e älla Knocha.

Jetzt hilft em bloß a Farnkrautkur
wieder auf d Füaß, deam Vetter,
vom Wuuzlastock dia stark Tinktur
und d Büschale vo'n Blätter.

Wenn'r noch des vier Wocha nimmt,
und duat da Farn erproba,
wiad'r-n zmols au wia-n i bestimmt
als Wundertäter loba.

Augatroscht - Augentrost
Euphrasia rostkoviana

Augatroscht

Sobald du dir vom Augatroscht
weng deine Auga tröschta loscht
und dir des Blüamle gnau bsiehscht a
und so noch zmols a Freud kriagscht dra,
deascht sicher sei und gohscht it fehl:
it bloß für s Aug, noi, au für d Seel
hot dir, wenn du duascht Sorga hao,
dr Herr des Blüamle waasa lao;
bis du bei ällem, was duat geah,
kascht oifach wieder besser seah
sobald du dir vom Augatroscht
so deine Auga tröschta loscht.

Glufastock - Große Klette
Arctium lappa

Glufastock

An igelboaschtig rauher Vetter
da Sommer dur im grüana Rock
bischt du mit deina graußa Blätter
und deina Glufa, Glufastock!

Zaischt sinds bloß weng so zahme Böschle
und Bäuschle, wo im Blüatastand
dia Schmetterling mit ihrna Göschle
und d Hummsaler gean bsuacha deand.

Noch wearad draus dia rauha Knöpfle,
und no und no, wia aus Verseah,
duats zmols aus deana Kugelköpfle
aso halt deine Glufa geah.

Dia duascht noch bsonders gean verschenka,
weng alafeezig, und als Spont
jetzt jedem na an Kittel henka,
wo nu au e dei Nähe konnt.

I ka me zwar it grauß beklaga,
weil i trotzdeam mei Freud dra hao,
doch oinaweag, des muaß i saga:
a reachter Jaoner, des bischt schao.

Aoagneamta - Hauhechel
Ononis spinosa

Aoagneamta

Oh Aoagneamta, trotz deam Reiz
vo deira Blüat: au Ärger geits.
Des sait alloi mir schao des saur
maßloidig Gsiicht vom Schulzabaur,
wenn dear am Pfluag mit seina Küah
will Fuura dur sei Brofeald ziah,
und noch äll Hennapfitz bald merkt,
daß des au gar it selle ferkt
und wieder anand nore goht,
weag deina Wuuzla, zäh wia Droht,
wenns dia scharf Schar it maih verzwingt
und zmols s ganz Gschpann zum Halta bringt.

Weag deam Malör mit deira Wuuz
konnt drum au fascht dei Blüat weng z kuuz,
ganz bsonders, wenn noch noh dei Dorn
oin sticht und du als Weiberzorn
oin schreckscht mit deira Wuachergwalt,
oifach: a Aoagneamta halt.

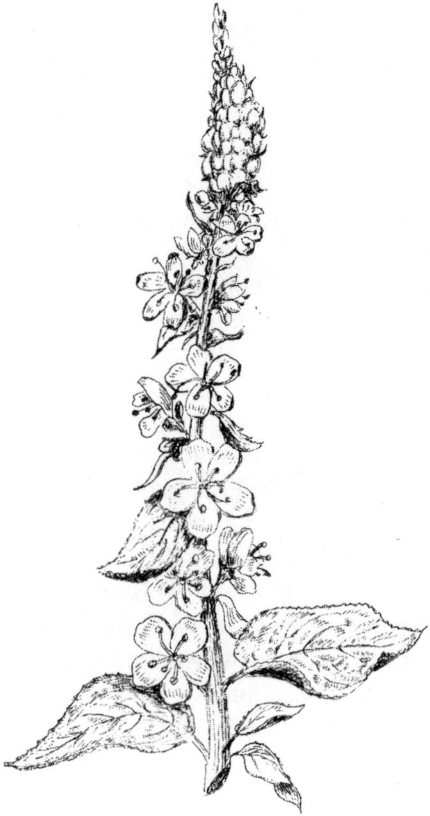

Königskeez
Verbascum lychnitis

Königskeez

Wenn ma di wieder rei jetzt hollat
am Frauatag e d Weihsang nei,
gluatäugig, blüatasteannlesknollat,
sieh-n e auf s nuie wieder ei:

Koi Bluam duat so für d Weihsang tauga,
versieht des Amt so guat,
wia du mit deina Funkelauga
und deira stramma Ruat,

wia du mit deim so nobla Weasa
jetzt mittla e deam Strauß,
schao oinaweag so stolz vertleasa
und heargriicht obaraus.

Au koine soweit brocht noh hot es
dur'n Sommer seit em Meez,
zum schöschta Gruaß für d Muattergottes,
wia du jetzt, Königskeez.

Sonnabluam
Helianthus annuus

Sonnabluam

D Schwester vo dr Sonn sealt doba
bischt du, und i ka's bloß loba,
wenn i e meim Gaata sieh,
wia dei Blüatakranz, dei Krusel,
wia dei goldne Sonnarusel,
wieder strahlat au für mi,

wia du wieder raus jetzt rucka,
oh, und überei duascht gucka
wia a Königin sogar,
wo regiert, und bloß mit guater
Gab für älle und als Muatter
vo dr ganza Bluamawar.

Pfluagrädle - Karthäusernelke
Dianthus carthusianorum

Pfluagrädle

Daß ma des Blüamle, seit ma woißt,
bei eis dahoim »Pfluagrädle« hoißt,
macht mir au z'schaffet und i plog
mi manchmol rum mit deara Frog
und wetz dabei mein Wunderfitz,
denn de'scht a Tatsach und koi Witz,
und wurmat und beschäftigt mi
so oft i nu des Blüamle sieh.
Au's Wuuzlaweible konnt it mit
und seufzt: sie wiß's au wäger it
und bloß dr Kräuternaaze sait:
s häb ganz entfernt weng Ähnlichkeit
mit so ma Rädle, weils ganz bhäb
au oibes wia feif Spoicha häb
und d Form davo und so fascht ganz
genau da gleicha Fealgakranz,
bloß sei's a Pflänzle und sei Gschwätz
drum au bloß a Vermuatung jetz.
Au wenn i's bsieh im Bluamakruag,
sinds ällz als Rädle it vom Pfluag,
obwohl ma's äwei noh bei eis
so hoißt, und s Blüamle, wia zum Preis,
zum Lob vo'r Hoimat, still sich müaht,
und so, wia's au schao früahr hot blüaht,
au jetzt noh bis in Spotherbscht nei,
dr letscht rar Sommergruaß duat sei,
wenn ma vrbei goht mit em Pfluag –
und des sait ällas, des sait gnuag.

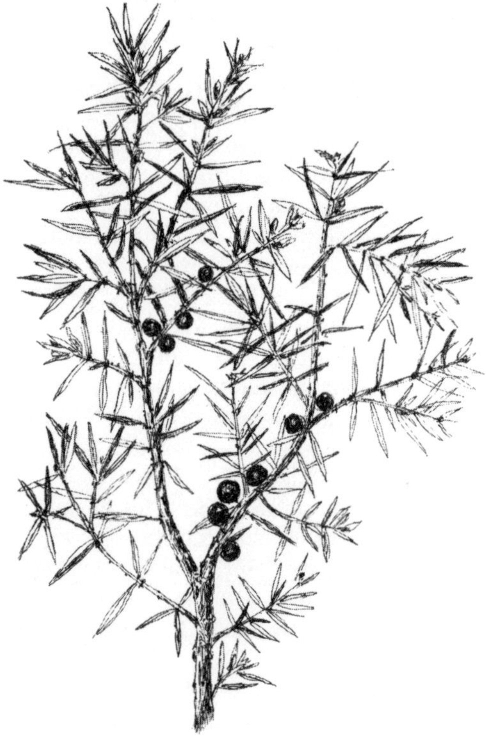

Wacholder
Juniperus communis

Wacholder

Ganz duß, und wo's suscht it vill geit,
stohscht du am Hang im Stilla.
Dr Himmel wölbt se drübert weit,
a Schofhead ziaht, dr Schäfer schreit,
und s Schäfers Hund duat billa.

D Luft schwattrat um dei grauplats Kloid,
ganz blo, drzwischat denna
goht glitzeg d Sommersonn auf d Woid,
und d Luft und d Sommersonn, äll boid,
deand goldne Fäda spinna.

Konnt noch dr Winter und dia Zeit,
wo ploga duat und blanga,
wenn ällz im Schnai vergraba leit,
und so au du noch tuif verschneit
duascht voola Schnaibluascht hanga,

gohts wieder bald in Früahling nei,
und mit deim Bausch, deim greana,
loscht du aso johraus johrei
mir d Hoimat wieder Hoimat sei,
ganz no und wia suscht neana.

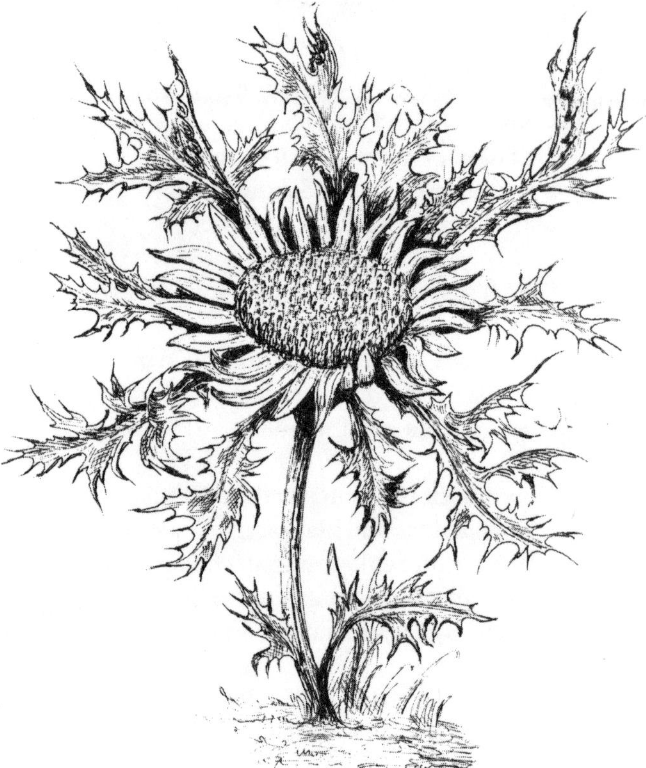

Silberdistel
Carlina acaulis

Silberdistel

Weit über d Eagat, waldentlang
am Haohroi wia im Tal,
hebscht du am Zupferhaldahang
bald schao an ganza Sommer lang
dei Silberdistlaschal.

Stohscht du jetzt schao seit Johr und Tag
ganz stachalig und stolz,
und doch so zackig zart und zag,
seit i di kenn, am Schlaihahag
im Hagabutzaholz.

Da hoscht it z'wenig, hoscht it z'vill,
koi Kind duat dir an Danz,
bloß manchmol streichlat, so Gott will,
sogar d Septembersonn noh still
dein Silberdistlakranz.

Pfarrkäpple - Pfaffenhütchen
Evonymus europaea

Pfarrkäpple

Pfarrkäpple sinds noh äwei zwar
wia seinerzeit, doch ziemle rar,
weil ma's it reacht maih dulda ma
als Heckagruuscht und drum au dra
sich hot vergriffa, weil ma jetzt
bloß noh a wohlpfleagts Weasa schätzt,
wo brauchbar ischt und wia ma sait:
au oibes ei und Nutza trait.
Pfarrkäpple jedoch trotzdeam sind's,
wenn au jetzt sealta, und i find's
au richtig so, bloß weil's mi freut,
daß überhaupt dia jetzt noh geit
e so ra Zeit, wo bloß noh ruacht
im Gealdsack z'liab und Voatel suacht,
wo sogar d Hairle um haod denkt
und ihr Birett an Nagel ghenkt.
Pfarrkäpple – drum sait eisa Pfarr
au jetzt drzua: ear sei koi Narr
und setz a so a Käpple auf,
und so nimmt ällas gar sein Lauf.
Doch oibes schö's und oibes gfreuts
im Leaba ällaweil noh geits,
solang bei eis huß auf em Land
d Pfarrkäpple residiara deand.

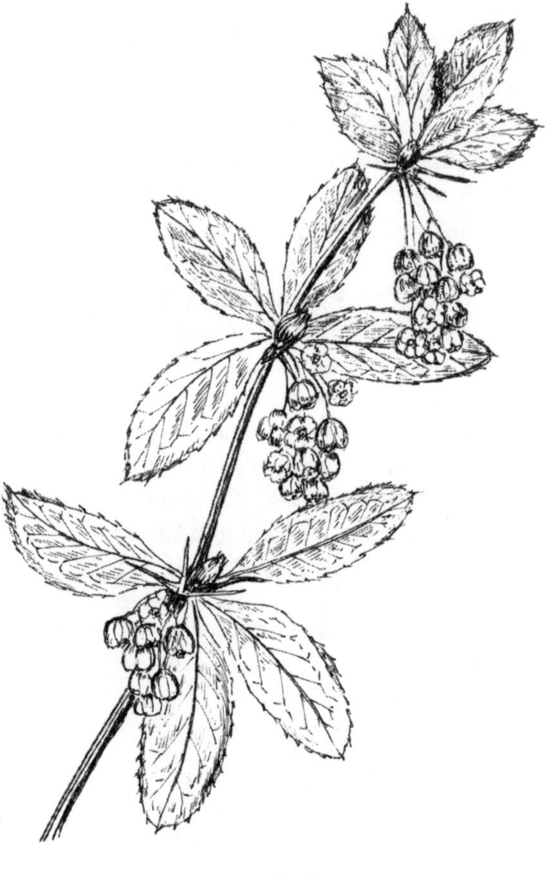

Berberitza-Sauerdorn
Berberis vulgaris

Berberitza

Geal e'r Bluascht, doch raut als Bairle
herbschtreif gfarbat, wia so Hairle,
hangat se jetzt duß am Hag
wieder nei in Spotherbschttag.
Laod se noh vo'r Sonn weng schmoichla,
vom Oktoberlüftle stroichla,
und deand au wia's Obst im Gaata
auf oin, wo's will holla, waata.
Bsonders bei da gäha Hitza
könn ma's braucha, d Berberitza,
sait dr Schäferkarl, denn dia
dearad healfa d Gluat raus ziah
aus deam Fiaber, wo so wüatig,
komisch hoiß und fuierblüatig,
daß ma sich kaum z'healfet wiß,
fahr im Leib rum mit seim Griß.
Aber ear dear au oim roota
zum mit wüüza bei ma Broota,
und e'r Kuche, ganz auf Droht,
au als Essig für'n Salot.
S Gsälz dear au an extra Gu
kriaga und sei gar im Nu,
und – des sei dabei dr Witz –
ällz des bloß vo'r Berberitz.

Tintabaira-Liguster
Ligustrum vulgare

Tintabaira

Weiße Sommerblüatlesträuble,
aufbauscht wia so Trachtahäuble,
wia so Keezle, wo am Hag
aus deam dunkla Laub, deam feuchta,
wieder strahla deand und leuchta
e dean schöna Junitag,
grüaßat weagweit und um d Eagat,
und Liguschterschwärmer feagat,
wenn es Naacht wiad, schwirr drum rum
vo deam Blüatagschmack verlockat,
wo jetzt auf da Hecka hockat
mit em Duft vom Holderbum.

Nimme lang, denn wenn se reifat
und um d Hecka d Herbschtlüft pfeifat,
voars gar goht in Winter nei,
deand se zmols noch am Liguschter,
wia so Päterle vom Nuschter
schwaaze Tintabaira sei.

Herbschtzeitlos
Colchicum autumnale

Herbschtzeitlos

Grad als hett di d Sommersonn
ganz und gar vergeassa,
stohscht du jetzt im Wiesle donn
mit deim Kelch, deim blassa.

Freuscht di noh so guat es goht,
daß du di kascht halta,
di dr Herbscht noh leaba lot
und dei Gsiichtle gealta.

Neana blüaht koi Gschpana maih,
s Laub fellt vo da Hecka.
Noh a Weile, und dr Schnai
duat au di gar decka.

Wort- und Sacherklärungen

Grundsätzliches: In der Bauernsprache wird un *ao,* ab *a,* lich *le;*
froh *frauh,* los *laus,* Not *Naut,* rot *raut,* Ohren *Auhra;*
bös *bais,* Schnee *Schnai,* erst *aischt,* legt *lait,* hören *haira,* Röslein *Raisle;*
den *deán,* der *deár,* gern *geán,* Stern *Steán* (auf der letzten Silbe betont!);
Berg *Bearg,* Welt *Wealt;*
Lohn *Laoh,* Mond *Mao;*
vòll *vool,* Wachs, *Waas,* hart *heet,* Hirt *Hiit;*
grau *gro,* lau *lo,* blau *blo;*
Knie *Knui,* neu *nui,* Feuer *Fuier;*
oft wird *in da* zu *i'n* zusammengezogen, *an da* zu *a'n, en dr* zu *e'r, vo dr* zu *vo'r.*
Entsprechendes gilt für ähnliche Fälle.

A: *aalafeezig* durchtrieben; *Ackermäntale* Odermennig; *äwei* alleweil, immer; *aischt* erst; *anand nore* voran; *anander no* nacheinander; *ällbott* alle Augenblicke, oftmals; *Aofirm* Übermut, Unsinn.

B: *Baira* Beeren; *barna* die Garben in der Scheuer aufschichten; *bhäb* kaum, knapp; *Birett* Kopfbedeckung des Pfarrers; *blanga* »belangen«, plagen; *bleazla* blinzeln; *Bluascht* Blüte; *Bott* Gebot bei der Versteigerung; *bräffla* tadeln, zurechtweisen; *braisala* kribbeln; *Breaschka* Gebrechen; *Bro* Brachland; *Bum* Baum; *Butterbluam* Trollblume.

D: *Dachnat* Dach; *Daubadiicht* Geistesabwesenheit;

deand (ihr) tut, (sie) tun; *deanna* drüben; *donn* drunten; *drneabat dana* daneben; *Dürmel* Taumel.

E: *Eagat* unbebautes Land; *eis* uns; *eisa liabe Frau* Maria.

F: *feand* voriges Jahr; *feezig* nervös; *ferka* fruchten, funktionieren, laufen.

G: *gäh* jäh; *(aus)gäxa* »ägäx« machen, spotten, auslachen; *geal* gelb; *geit* gibt; *Ghair* Gehör; *gigampa* (hin und her, auf und nieder) schaukeln; *glempfig* freundlich, angenehm; *gloschta* glimmen, glühen, glänzen; *Gluf* Stecknadel; *Gluschta büaßa lao* die »Gelüste«, das Verlangen befriedigen; *gotteg* hurtig; *grauplat* unschön gekrümmt; *Griß* (schmerzhaftes) Reißen; *groopa* grabschen; *Gschaich* Aufhebens; *Gschnack* Affektiertheit; *Gschpa* Kamerad; *Gschpuuchta* Gebärden, Faxen; *Gschuur* Schererei, Mühsal; *gsieht, gseha* aussehen; *Gu* frz. goût = Geschmack; *gwampat* fett; *Gwann* Gemarkungsteil.

H: *Häbarat* Zeit der Habersaat, der Frühjahrsfeldbestellung; *Hairle* »Herrlein«, Pfarrer; *Hampfl* Handvoll; *Hasaklai* Waldsauerklee; *Heahle* »Hühnchen«, mageres Weiblein; *Hearrgett* Herrgott; *Hearrgettskraut* Bezeichnung für verschiedene Heilpflanzen, für die man keine überlieferten Namen hat; *Honk* Honig; *Hudale* Schäfchen (Kindersprache).

I–J: *Iima* »Immen«, Bienen; *jäschta* übermütig werden; *Jauner* geriebener Kerl.

K: *Kaib* Lump; *Katzajakob* (tödl.) Krankheit; *Katza-*

schwänz Zinnkraut; *knappa* sich regen; *Krusel* (Spitzen) Krause; *kuahl* mit kühlem Kopf, ungerührt; *kuranza* schinden.

L: *Lattera* langsamer, energieloser Mensch; *losa* horchen, lauschen; *luck* locker.

M: *Mäser* Kopf, Knorren; *maudera* kränkeln, verelenden; *moan* (sprich: m'án) morgen; *Moialtor* Maialtar, zu Ehren Marias mit Blumen geschmückt.

N: *neah* nehmen; *neana* nirgends; *Nuschter* Perlenkette, Rosenkranz.

O–P: *ob* über, wegen; *oinaweag* dennoch; *Ooter* Schlange; *Päterle* Perlen.

R: *Ranft* Rand; *reanga* regnen; *ruacha* sammeln, raffen; *Rusel* Rad.

S: *schaska* vertreiben; *schiach* schlimm, zwielichtig; *Schnaibluascht* Eisblumen; *schnazigalla* »schnäppen«, plagen; *Schratt, Schrättle* böser Geist, sitzt einem nachts auf der Brust und benimmt einem den Atem, schadet dem Vieh; *Schraut* Schrunde, Scharte; *schwattra* vibrieren; *Schweichel* Mergel; *sealle* jene; *sealt* dort; *selle* sehr; *Spont* Streich; *Suucht* (unbestimmbare) Krankheit, Seuche.

U–V: *überei* da(rüber)hin; *verdoscha* stattlicher erscheinen lassen; *vergäggara* vergehen; *verhiacha* verklingen; *verliggra* es merken; *verschieba* durcheinander (gebracht); *vertlaisa* »erlösen«, vertreiben; *vertleasa* aus-, verlesen; *vertrüchta* verdrehen; *ver-*

zwazzla vergehen vor Aufregung; *Voatel* Vorteil, Gewinn; *vürneam* »vornehm«, nobel.

W: *waasa* wachsen; *wäger* wirklich; *Wasserpescht* stumpfkantiger Wasserstern; *Weihsang* Kräuterbüschel, an Mariä Himmelfahrt (15.8.) geweiht und gegen den Schratt und anderes Unheil im Stall aufgehängt; *wiad* wird.

Z: *zag* zaghaft; *zaischt* zuerst; *Zatter* Kätzchen der Haselstaude, längliche (z.B. Nasen-) Tröpfchen; *zeema* zusammen; *Zibaata* kleine, gelbe Pflaumenart; *Zotter* Traube; *zwieslat* »zwillingsartig«, gedoppelt, zwiefältig.

Inhalt

5 Zur Einführung
11 Hoila, Hoila Haberstrauh
13 Krokus
15 Schnaiglöckle – Frühlingsknotenblume
17 Himmelsschlüssel – Lungenkraut
19 Seiritzatle – Seidelbast
21 Heuschlauf – Küchenschelle
23 Hungerblüamle
25 Hudalemäh – Haselkätzchen
27 Guggugssträuß – Buschwindröschen
29 Veile – Veilchen
31 Weidakätzle – Salweide
33 Schlaihabluascht – Schlehdornblüte
35 Badenga – Schlüsselblume
37 Ootrakraut – Stinkende Nieswurz
39 Dotterbluama
41 Sonnawirbel – Löwenzahn
43 Moiaraisle – Maiglöckchen
45 Immergrea – Immergrün
47 Katzapfötle – Himmelfahrtsblümchen
49 Kessale – Traubenhyazinthe
51 Waldvögale
53 Scharbockskraut
55 A schwaaze Fluig – Fliegenragwurz
57 Frauaschuah
59 Felsanägale – Pfingstnelke
61 Wegerich
63 Heckaraisle
65 Weihwedel – Waldgeißbart

67 Taubnessel
69 Kamille
71 Glockabluam
73 Akelei und Türkabund
75 Sauerampfla – Sauerampfer
77 Brennessel
79 Vergißmeinnicht
81 Butterbluam – Trollblume
83 Weagwaat – Wegwarte
85 Schwalbawuuz
87 Zitterle – Zittergras
89 Pfeafferminz
91 Katzadoopa – Wundklee
93 Käsloible – Wegmalve
95 Kaiserkron
97 Eemahäusle – Blutroter Storchenschnabel
99 Storchaschnäbel – Waldstorchenschnabel
101 Hohlzah
103 Dausatguldakraut
105 Hairle – Klatschmohn
107 Fischkraut – Flutender Hahnenfuß
109 Tuifelsaug – Sommeradonisröschen
111 Kapuzinerkresse
113 Kornbluam
115 Rittersporn
117 Mauerpfeaffr
119 Buckalestöck – Krauser Ampfer
121 Klaffa – Klappertopf
123 Fingerhuat
125 Natternkopf
127 Keale – Bittere Kreuzblume
129 Hauswuuz
131 Kleiba – Klebkraut

133 Sanikale – Waldsanikel
135 Schierling
137 Frauamäntale
139 Ringale – Ringelblume
141 Johanniskraut
143 Gretle im Busch – Jungfer im Grünen
145 Steinbrech
147 Balkaschlegel – Flockenblume
149 Wurmfarn
151 Augatroscht
153 Glufastock – Große Klette
155 Aoagneamta – Hauhechel
157 Königskeez
159 Sonnabluam
161 Pfluagrädle – Karthäusernelke
163 Wacholder
165 Silberdistel
167 Pfarrkäpple – Pfaffenhütchen
165 Berberitza – Sauerdorn
171 Tintabaira – Liguster
173 Herbschtzeitlos
175 Wort- und Sacherklärungen

Adolf Schaich	Jetz isch letz
Hilde Schill	Moosrösle
	s' Schatzkämmerle
Heinz-Eugen Schramm	G-W (Gogen-Witze)
	Kaum zu glauben . . .
	Magscht mi?
	Maultasche'
	Wia mr's nemmt
Lina Stöhr	Grad zum Possa!
	Hoimetkläng
Wendelin Überzwerch	Uff guat schwäbisch
	Sprache des Herzens
Werner Veidt	Heiter fällt das Blatt vom Baum
	I möcht amol wieder a Lausbua sei
	Mr schlotzt sich so durchs Ländle
	Oh Anna Scheufele
	(Alle 3 Ausgaben auch in Kassette lieferbar)
Friedrich E. Vogt	Bsonders süffige Tröpfla
	En sich nei'horcha
	Schwabenfibel
	Schwäbisch mit Schuß
	Schwäbische Spätlese in Versen
	Täätschzeit
Winfried Wagner	Bloß guat, daß i an Schwob ben
	Mir Schwoba send hald ao bloß Menscha
	Schwäbische Gschichta
Rudolf Weit	Grad so isch
	No net hudla
	Ois oms ander
Willrecht Wöllhaf	. . . was mr grad en Strompf kommt
Heinz Zeller	De ei'gspritzt Supp

In allen Bändchen findet der Leser und Vortragskünstler humorvolle, bodenständige und »bodagscheite« Gedichte, Witze, Anekdoten und Prosatexte zum eigenen Vergnügen und zum Vortragen in fröhlichen Kreisen.